D1928281

Anton Schulte

Gewißheit macht froh

BRENDOW VERLAG

ISBN 3 87067 106 8
TELOS-Sondertaschenbuch S 708
1. deutschsprachige Auflage 1979
© Copyright by Brendow-Verlag, D-4130 Moers 1
Titelgestaltung: Jürgen Jurgowiak
Textfotos: Hans Lachmann / Seite 17 dpa
Printed in Germany 1979

EINMAL PACKT ES JEDEN MENSCHEN. Vielleicht ist es lange gutgegangen. Einmal aber bricht dann doch die Sehnsucht auf, und man denkt: Wäre das Leben doch anders! Dabei können die Dinge, die der einzelne in seinem Leben gern anders hätte, sehr verschieden sein.

„Seit ich in diese Stadt gekommen bin, ist alles so trostlos in mir", klagte ein junger Mann. In der neuen Umgebung war ihm seine innere Leere plötzlich bewußt geworden. Und nun geht er auf die Suche nach Freude. Er stürzt sich in Unternehmungen und Abenteuer. Immer wieder meint er, jetzt, jetzt hätte er gefunden, was er sucht. Und oft war es dann doch wieder nur eine Niete.

Er entdeckt, daß der Mensch mitten unter tausend fröhlichen Leuten einsam und traurig sein kann, auch wenn er sich noch so sehr nach Freude sehnt. So läuft er hinter den Dingen her, die ihm das Leben als Freudenspender, als die großen, unvergeßlichen Erlebnisse offeriert. Und er kommt doch nicht zur Ruhe.

Am ärmsten ist der Mensch, dem Gemeinschaft fehlt. Was nutzt einem Kind das teuerste Spielzeug, wenn niemand mit ihm spielt? Der Teenager braucht die Kameradschaft der vielen: beim Sport wie beim geselligen Treff; und er sucht den einen Freund, die eine Freundin. Aber selbst wenn er das Glück hat, sie zu finden, bleibt ein Verlangen nach tieferer Gemeinschaft zurück. Der Mensch ist auf eine Art von Gemeinsamkeit angelegt, die auch der beste Freund nicht abdecken kann.

Schließlich hofft er, solche Gemeinschaft in der Ehe zu finden. Alle früheren Erwartungen verblassen dagegen. Aber gerade in unserer Zeit wird erschütternd deutlich, wieviel Unvermögen der Mensch in diese gottgewollte Verbindung hineinträgt, und wieviel Enttäuschung daraus resultiert. Manche erfahren es nie, und wenige vermögen es sich zu erhalten: einander so zu lieben, daß einer für den anderen lebt. Schon bald kommt die Wende;

dann gilt die Liebe nicht mehr dem anderen, sondern wieder nur sich selbst. Ehe schrumpft zusammen zu dem kümmerlichen Rest einer juristischen Bindung. Und viele Ehen kommen über diesen „Rest" nie hinaus.
So bleibt die Sehnsucht des Menschen auf die Dauer oft auch in der Ehe ungestillt. *Er wendet sich in der Freizeit einem Hobby zu, sie kehrt in den Zirkel der Freundinnen von früher zurück.* Die Suche nach dem, was beide auch in der ehelichen Gemeinschaft nicht fanden, geht weiter.
Manchmal meint der Mensch, er könne sich mit zunehmendem Alter daran gewöhnen, mit seiner Sehnsucht zu leben. Aber selbst das erweist sich als Illusion. Auch in der Altenstube, in der Gemeinschaft eines Altenheims, weiß man um Einsamkeit; und sie ist hier noch schwerer zu ertragen als in jungen Jahren.
Viele versuchen, sich der enttäuschenden Wirklichkeit ihres Lebens durch die Flucht in eine Traumwelt zu entziehen; in jene Wachträume, die der Mensch sich aus seinen Wünschen selbst fabriziert. Hier durchlebt er dann jene Rollen, die das Leben ihm verwehrt: Er „spielt" den siegreichen Helden, von Beifall umrauscht, von Erfolg verwöhnt; und er träumt die Liebe, die ihm versagt blieb. Er vergißt seine Misere, verliert sich in einer Illusion. Die Filmindustrie und eine bestimmte Sorte Romane liefern ihm immer neue, vorfabrizierte Heldenrollen, die Stoff für neue Träume bieten.
Die Suche nach Gemeinschaft erweist sich als die große, im letzten unerfüllbare Aufgabe des Menschen. An ihr wird deutlich, was wir verloren haben. Denn unsere Sehnsucht ist ja keine Einbildung. Sie entspricht einem Bedürfnis nach Gemeinsamkeit, das die „Lücke" im Leben des Menschen deutlich macht, die durch den Verlust der Gemeinschaft mit Gott aufgebrochen ist.

IN DEN ÜBERLIEFERUNGEN EINES INDISCHEN Volksstammes heißt es, daß Gott den Menschen einmal sehr nahe gewesen sei. Sie hätten ihn mit Händen greifen können, wie eine Wolke, die den Hügel berührt. Dann jedoch hätten einige Lausbuben ihre schmutzigen Hände an Gott abgewischt, und aus diesem Grund habe sich der große Gott in unnahbare Ferne zurückgezogen.

Die Bibel beschreibt die Geschichte des Menschen deutlicher. Aus ihr geht klar hervor, daß der Mensch einmal in Gemeinschaft mit Gott lebte; in einer von Gott festgelegten und damit vollkommenen Gemeinschaft. Das reicht in eine Zeit zurück, in der der Mensch das Böse noch nicht kannte.

Das harmonische Verhältnis zwischen Gott und Mensch bedeutete für den Menschen Frieden. Sein Gewissen war unbelastet, es bedrängte ihn nicht. Das ist heute anders; jeder von uns kennt die anklagende Stimme des Gewissens. Und je intensiver er sich mit der Heiligkeit und Vollkommenheit Gottes beschäftigt, umso mehr wird sein Gewissen im Blick auf das eigene Verhalten geschärft. Deshalb lebt im Herzen jedes Menschen die verborgene Sehnsucht nach Vergebung. Frieden kann es nun einmal nur da geben, wo die Ursache der Friedlosigkeit beseitigt ist.

Deshalb wird der Mensch von innerer Unruhe umgetrieben. Viele Dichter und Schriftsteller haben diese Rastlosigkeit beschrieben. Unentwegt ist der Mensch auf der Suche nach Frieden und Geborgenheit. Aber überall stößt er auf Ungewißheit. Wer weiß heute, was morgen geschieht? Es gab ruhige und unruhige Zeiten in der Welt, aber auch in den ruhigen Abschnitten fand der Mensch den Frieden nicht; weil es ohne Gewißheit keinen Frieden geben kann.

Oft hat der Mensch den Versprechungen anderer Menschen geglaubt. Aber allen, die ihr Vertrauen auf Menschen gesetzt haben, sind Enttäuschungen nicht erspart

geblieben. Ganze Generationen sind irregeleitet worden und zerbrochen, weil sie sich an sog. großen Männern orientiert haben.
Durch die Jahrhunderte hindurch haben Menschen immer wieder ihr Vertrauen auf Besitz und Reichtum gesetzt. Aber wie schnell können diese Werte verfallen. Und selbst wenn es einem Menschen gelingt, sich materiell abzusichern, sind seine eigentlichen Probleme nicht gelöst. Am Schicksal der Reichen zu allen Zeiten zeigt sich, daß auch sie die innere Unrast und Unruhe nicht losgeworden sind. Die entscheidenden Dinge kann man mit Geld nicht kaufen.

WIE KAM ES, DASS DER MENSCH VERLOREN hat, was er nun mit Schmerzen suchen muß? Gott hatte dem Menschen in Eden einen Lebensraum zugewiesen. Dort bot ihm die Nähe Gottes Geborgenheit und Schutz. Aber auch Satan, ein von Gott abgefallener Engelfürst und nun Gottes großer Gegenspieler, hatte zu diesem Lebensraum Zutritt. Damit ergab sich für den Menschen die Notwendigkeit, sich zu entscheiden. Wem würde er gehorchen: Gott, seinem Schöpfer, oder dem rebellierenden Engelfürsten? Gott hatte dem Menschen klare Anweisungen gegeben. Satan dagegen versprach ihm eine großartige Zukunft: „Ihr werdet sein wie Gott" (1. Mose 3,5). Der entscheidende Fehler des Menschen bestand darin, daß er den Einflüsterungen des Teufels glaubte. Er maß ihnen mehr Wert bei als dem Gespräch mit Gott, das er in Eden führen konnte. Und er erlag dem Trugschluß, daß er, das Geschöpf, den Rang des Schöpfers einnehmen könne. Als Geschöpf war er auf die Gemeinschaft mit dem Schöpfer hin angelegt, und eben diese verlor er durch seine Auflehnung.
Das ist im Grunde bis heute so geblieben. Die Suche des Menschen nach Gewißheit ist so weit pervertiert, daß er

„sein Heil" in den Sternen zu finden meint. *Derselbe Mensch, der behauptet, er könne die Verheißungen Gottes in der Bibel nicht akzeptieren, weil dies seinem logischen Denken widerspreche, verläßt sich im nächsten Moment auf die Spekulationen eines Tageshoroskops. Wo bleibt da seine vielgepriesene Logik?* Dabei kann der irreführende, dämonisierte Zukunftsglaube, wie er sich in verschiedenen Formen der Astrologie, des Zeichendeutens und der Wahrsagerei darstellt, dem Menschen die ersehnte Gewißheit nicht bieten. Es ist erwiesen, daß er zu nervlicher und seelischer Zerrüttung führen kann. Am Ende gilt auch hier: „Die Gottlosen haben keinen Frieden" (Jesaja 48,22).

Der Mensch auf der Suche spielt sich als Richter auf. Freilich verurteilt er nicht sich selbst, sondern versucht, Schuld und Verantwortung Gott zuzuschieben. „Warum hat Gott die Sünde denn zugelassen?", argumentiert er. Hätte Gott die Möglichkeit zur Sünde nicht erlaubt, hätte der Mensch auch nicht sündigen können. Der Mensch stellt damit eine Frage, die nicht nur über seine Kompetenz, sondern letztlich über seine Verstehensmöglichkeit hinausreicht. Er übersieht dabei vor allem, daß die Freiheit der Wahl Kennzeichen seiner eigenen Gottesbildlichkeit ist.

ZWEI MENSCHEN, DIE SICH LIEBEN, WERDEN nie mit einer einmaligen Liebeserklärung zufrieden sein. Sie werden sich ihre Liebe immer wieder zusichern und dies durch praktische Liebesbeweise bestätigen. Jede Liebeserklärung, jeder Liebesbeweis aber zählt nur, wenn er immer wieder neu auf einer freien Entscheidung für den Partner beruht. Würde er zur Automatik, hörte er auf, Liebe zu sein. Gleiches gilt für die Treue, die nicht in einmaliger Bekundung, sondern in einer kontinuierlichen Verhaltensweise zum Ausdruck kommt. Eine Tu-

Welt-Vorschau

gend zählt nur als immer neue freiwillige Entscheidung unter mehreren Möglichkeiten.
Gemeinschaft mit Gott unterliegt der gleichen Gesetzmäßigkeit: sie ist nur denkbar in der freiwilligen Entscheidung Gottes für den Menschen, auf die der Mensch mit immer neuer, freiwilliger Hinwendung antworten muß. Gott liegt nichts an einem Marionettentheater. *Eine willenlose Puppe, von Gott an unsichbaren Fäden in eine bestimmte Richtung dirigiert, kann weder dem entsprechen, was Gott unter Gemeinschaft versteht, noch der Vorstellung Gottes vom Menschen,* der als „ein Bild, das uns gleich sei" geschaffen ist (1. Mose 1,26). Als Ebenbild Gottes kann der Mensch Gott nur freiwillig dienen.
Diese Freiwilligkeit erfordert die Möglichkeit, sich anders entscheiden zu können. Und der Mensch hat, indem er gegen Gott rebellierte, diese andere Möglichkeit gewählt. Damit hat er die Trennung von Gott selbst vollzogen. Zugleich hat er den Frieden, die Geborgenheit und das unbeschwerte Gewissen verloren. Hier hat seine Unruhe ihre Wurzel.

WIE FINDET DER MENSCH IN DIE GEMEINSCHAFT mit Gott zurück? Befassen wir uns zunächst mit den am weitesten verbreiteten falschen Auffassungen. Viele Menschen meinen, daß unsere guten Taten die bösen aufheben. Sie stellen sich das Gericht Gottes so vor, daß in der einen Waagschale unsere Verfehlungen gewogen werden, in der anderen dagegen unsere guten Taten. Nun komme es darauf an, daß die guten Taten die Verfehlungen aufwiegen.
Sicher läßt sich aus einer solchen Auffassung ein moralischer Ansporn ableiten. Aber wir sind Gott gegenüber eben nicht schwach, so daß wir lediglich der Stärkung bedürfen, sondern wir sind „tot". Unser Verhältnis zu Gott ist nicht gefährdet, sondern zerstört. Jakobus schreibt,

daß eine einzige Sünde des Menschen mit der Übertretung des ganzen Gesetzes gleichbedeutend ist (Jak. 2,11). Unser Leben hing gewissermaßen wie mit einem Seil an Gott. Und wie bei einem Fahrstuhl das Seil nur einmal zu reißen braucht, um ihn in der Tiefe zerschellen zu lassen, so bedeutet eine Sünde die völlige Unterbrechung der Verbindung zu Gott. Hier können wir von uns aus nichts mehr gutmachen. Wir sind darauf angewiesen, daß Gott eine neue Verbindung herstellt.

Ein anderer Irrweg besteht in dem Versuch, Schuld durch Opfer wettzumachen. Nun sieht Gott zweifellos die Opfer an, die wir ihm bringen, und keine unserer guten Taten bleibt ihm verborgen. Gott geht an keinem Menschen vorüber, der es aufrichtig meint. Aber das größte Opfer, das ein Mensch zu bringen vermag, kann die zerbrochene Gemeinschaft mit Gott nicht wieder herstellen, weil dies grundsätzlich nicht in des Menschen Macht liegt. Wenn es eine Rettung gibt, muß sie von Gott kommen.

Eine weitere irrige Auffassung besteht darin, die Versöhnung mit Gott durch eigene Sühnung der Schuld erreichen zu wollen. Diese Ansicht findet in der Geschichte von jenem Mörder Ausdruck, *der seine Tat bereut und die Gelegenheit erhält, einen anderen Menschen aus Lebensgefahr zu retten.* Für das Leben, das er zerstörte, hat er nun ein anderes vor dem Tod bewahrt. Niemand wird die Größe einer solchen Tat in Frage stellen, und sie kann sicher auch für die innere Wandlung des Mörders sprechen; aber der erste Mord, die frühere Verfehlung, wird dadurch nicht aufgehoben. Der Mensch kann Vergebung nicht „ableisten"; nur Gott kann Sünde vergeben.

Es genügt auch nicht, wenn man sich Christus zum Vorbild nimmt. Der Mensch kann sich damit ein großes Ziel setzen, aber alle Bemühungen, Jesus Christus von nun an nachzufolgen, beseitigen die Schuld nicht, die wir bisher auf uns geladen haben. Selbst wenn ich von heute an alle Gebote Gottes halten könnte, würde meine Vergangen-

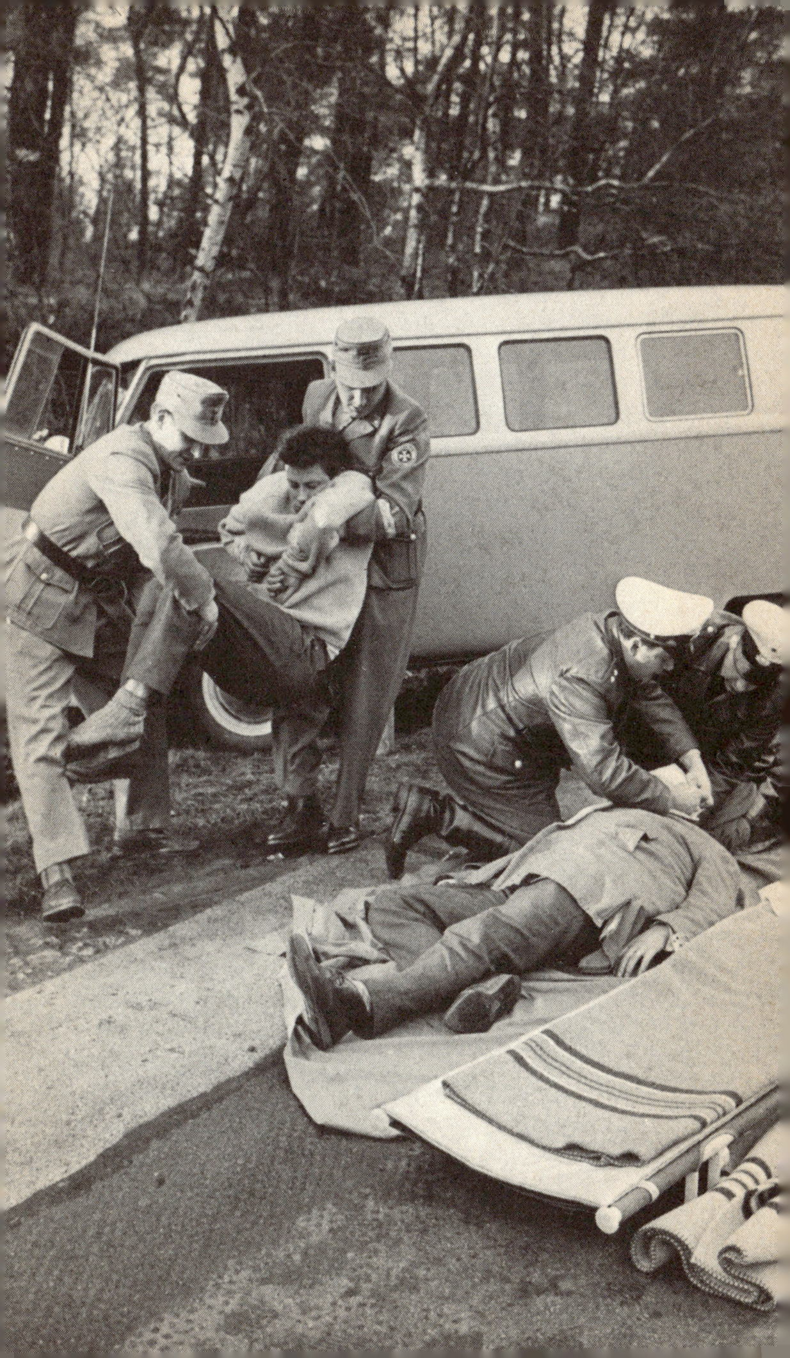

heit dadurch nicht bereinigt. Sicher ist Jesus Christus das höchste Vorbild, dem ein Mensch nachstreben kann. Aber die Tatsache, daß er dies tut, bringt ihn nicht in die Gemeinschaft mit Gott.

Alle Irrwege, die der Mensch in dem Bemühen beschreitet, die Gemeinschaft mit Gott zurückzugewinnen, sind letztlich Versuche, sich selbst zu erlösen. Diese Bemühungen kleiden sich oft in eine christliche Form, sie wirken durchaus fromm, religiös und edel. Trotzdem ist jeder Vesuch der Selbsterlösung im Grunde nicht christlich, sondern heidnisch. Wenn es irgendeine Möglichkeit für den Menschen gäbe, seine Schuld durch eigene Leistung ungeschehen zu machen, so wäre Christus unnötig gestorben. Der Mensch hätte sich dann nur etwas mehr anzustrengen brauchen. Tatsächlich aber ist kein Mensch in der Lage, seine Vergangenheit rückgängig zu machen oder auszulöschen.

IN IRGENDEINER WEISE SEHNT SICH JEDER Mensch nach Frieden mit Gott, möchte, er von der Last seiner Schuld frei sein. Und Gott hat uns in seinem Wort erklärt, wie wir zu ihm nach Hause kommen können. Wer die Bibel als das Buch annimmt, durch das Gott zu ihm redet, und wer sich dieser Anrede Gottes stellt und ihr gehorcht, der erlebt, was David in einem Psalm zum Ausdruck bringt: „Dein Wort ist meines Fußes Leuchte und ein Licht auf meinem Wege" (Ps. 119, 105).

Was Gott uns in der Bibel sagt oder durch von ihm beauftragte Männer sagen läßt, ist wie ein Lichtstrahl, der auf unseren Weg fällt. Früher nahm man bei Dunkelheit Laternen mit, um den Weg zu erhellen. *Noch heute weisen Leuchttürme den Schiffen den Weg, zeigt die Bodenbeleuchtung dem Flugzeugführer die Landebahn an.* So will Gott durch sein Wort Licht auf unseren Weg fallen lassen. Er will uns zeigen, worauf es ankommt, auf Irrwege und Ge-

fahren aufmerksam machen, damit wir uns nicht verlaufen.
Schon in Eden hat Satan versucht, den Menschen gegenüber die Gültigkeit göttlicher Aussprüche in Frage zu stellen: „Sollte Gott gesagt haben?" (1. Mose 3,1). Genauso versucht er jetzt, die Autorität des göttlichen Wortes zu untergraben, indem er in uns Zweifel an seiner Glaubwürdigkeit wachruft. Aber wer sich am Wort der Bibel orientiert, wer ihr Zeugnis als Gottes Anrede an sich hört und tut, was er ihm sagt, der erfährt auch heute, daß dieses Wort ihm den Weg nach Hause zeigt: zur Vergebung, zu Frieden und Gewißheit, in die Gemeinschaft mit Gott.

EINS DER BEKANNTESTEN GLEICHNISSE JESUS ist die Geschichte vom verlorenen Sohn (Lukas 15, 11-32). Eines Tages kam der jüngere von zwei Brüdern zu seinem Vater und forderte die Auszahlung seines Erbteils. Es stand ihm zwar noch gar nicht zu, aber der Vater widersprach ihm nicht. Der Schmerz, den der Vater dabei empfunden haben muß, wird nicht erwähnt.
Dieses Gleichnis ist ein klassisches Bild für die Haltung des Menschen. Er war als die Krone der Schöpfung gedacht. Wie ein Kind die Züge des Vaters trägt, so hatte Gott den Menschen „nach seinem Bild" geschaffen. Aber der Mensch forderte sein Erbe und machte sich selbständig. Er vergeudete, was Gott ihm anvertraut hatte, bis die Ernüchterung kam.
Der Verlorene Sohn verschwendete sein Erbe in einem Leben, das seinen eigenen Vorstellungen entsprach. Jeder Mensch trifft heute die gleiche Entscheidung gegen Gott. Er geht seinen eigenen Weg, verdrängt, was er von Gott gehört hat oder weiß. *Mit jedem Menschen steht das Bild des Verlorenen Sohnes neu vor Gott.* Jeder von uns findet sich in der gleichen Rolle wieder. Hörst du dich nicht sagen: „Ich gehe meinen eigenen Weg" – „Ich tue, was

mir gefällt" - „Gib mir, was mir zusteht"? Und Gott, der uns nach seinem Bild geschaffen hat, hindert uns nicht, das uns anvertraute Erbe wegzuwerfen. Er sieht zu, wie wir unser Herz beflecken und uns immer weiter von ihm entfernen.
Aber die Geschichte jenes jungen Mannes geht weiter. Eine Wirtschaftskrise kam über das Land. Die Unterhaltskosten stiegen, und das Geld verlor an Wert. Mit einemmal erfuhr jener junge Mann, was Not bedeutet. Sein Erbe war vertan, das Geld, das ihm den Rücken gestärkt und den Nacken versteift hatte, war nicht mehr da.

VIELEN MENSCHEN GEHEN DIE AUGEN FÜR die Wirklichkeit erst auf, wenn ihnen der Boden unter den Füßen weggezogen wird. Wie kleinlaut werden dann manche Spötter, und wie erbärmlich erweist sich mancher, der bisher den starken Mann gespielt hat. Gesellschaftliche Stellung und soziale Sicherheit geben dem Menschen das Gefühl, auf einem festen Fundament zu stehen, das er in Wirklichkeit gar nicht besitzt. Daß er ein paar moralische Grundsätze anerkennt, täuscht ihn über sein wahres Verhältnis zu Gott hinweg.
Bis seine Welt, die so sicher schien, mit einemmal wie ein Kartenhaus zusammenstürzt: eine Krankheit, eine wirtschaftliche Fehlspekulation, ein Unfall, ein Konkurs - das hat schon manchen aus dem Tritt geworfen, der meinte, daß ihm das Leben zu Füßen läge. Auch mancher junge Mensch, der das Elternhaus verließ, merkte nur allzubald, was wirklich mit ihm los war. Oft muß Gott uns in äußere Schwierigkeiten geraten lassen, damit wir unsere eigentlichen Probleme erkennen.
Jesus zeichnet ein hartes, aber realistisches Bild. Der junge Mann, der so siegessicher auszog, um das Leben zu meistern, endet als Schweinehirt. Und nur wenn wir uns bewußt machen, welche tiefe religiöse Abscheu die Men-

schen, denen Jesus diese Geschichte erzählte, vor dem Schwein hatten, begreifen wir, welcher abgrundtiefe Sturz hier beschrieben wird. Und doch ist das letztlich unsere ureigene Situation. Denn Sünde bedeutet nichts anderes als Zielverfehlung. Und wer Gott als Ziel verfehlt, der fällt tief. Das menschliche Gewissen reicht hier zur Orientierung nicht aus, denn es ist wandelbar. Darum hat Gott uns in seinen Geboten einen unfehlbaren Maßstab gegeben. Sie zeigen uns, wo wir an Gott „vorbeilaufen". Sie machen uns die Größe der Verfehlung bewußt. Durch das Gesetz, sagt Paulus, kommt „Erkenntnis der Sünde" (Röm. 3,20).

ALS KLEINER JUNGE LIEF ICH EINMAL MITTEN über eine belebte Straßenkreuzung in unserer Stadt. Dabei sah ich den Wachtmeister, der den Verkehr regelte, gleichgültig an. Damals kannte ich die Verkehrsvorschriften noch nicht; deshalb konnte ich nicht wissen, was ich damit anstellte. Wollte ich heute das gleiche wiederholen, so würde mir die Kenntnis der Straßenverkehrsordnung Strafbarkeit und Gefahr solchen Verhaltens sofort bewußtmachen. - Auch Gott gegenüber begreife ich erst, wenn ich seine Gebote kenne, die Größe meiner Verfehlung.

Nun mag mancher denken, dies alles treffe nur auf bestimmte Menschen zu, die sich grober Vergehen schuldig gemacht haben. Für sie selbst, als anständige Leute, gelte das nicht. Aber eine solche Sicht ist irrig. Die Höhe des Strafmaßes wird zwar jeweils durch die Übertretung bestimmt. (Es ist ein großer Unterschied, ob ich meinen Wagen im Halteverbot parke, oder ob ich Landesverrat begehe.) Aber das oberste Gebot Gottes lautet: „Du sollst Gott, deinen Herrn, lieben von ganzem Herzen, von ganzer Seele, von allen Kräften und von ganzem Gemüte und deinen Nächsten wie dich selbst" (Luk. 10,27). Dieses

Gebot aber hat kein Mensch gehalten. Demnach sind wir in Gottes Augen praktisch alle „Hochverräter".
Vor unseren Nachbarn und Freunden mögen wir als anständige Leute gelten. Es kann sein, daß die menschliche Gesellschaft unseren Lebenswandel als einwandfrei akzeptiert. Kein Mensch aber kann für sich in Anspruch nehmen, daß er das größte Gebot Gottes immer gehalten hätte. Niemand hat Gott immer geliebt. Und erst recht hat kein Mensch seinen Nächsten genauso geliebt wie sich selbst. An Gottes Maßstab reicht keiner auch nur annähernd heran. Vor seiner Heiligkeit kann niemand bestehen: *Vor Gott ist kein Mensch gerecht.*

WAS ABER WILL GOTT VON UNS, WENN IHM doch kein Mensch gut genug ist? Gott will uns zeigen, daß wir vor ihm verlorene, zahlungsunfähige Sünder sind. Damit wir erkennen, daß wir einen Retter brauchen, der die Schuld bezahlt, die wir niemals begleichen können. Nur durch ihn gelangen wir in die Gemeinschaft mit Gott zurück. Erst dann ist unsere „Zielverfehlung", unsere Sünde aufgehoben.
Gott bezahlt für unsere Schuld unter einer ganz bestimmten Voraussetzung. Jesus Christus sagt: „Ich bin gekommen, die Sünder zur Buße zu rufen, und nicht die Gerechten" (Luk. 5,32) – „zu suchen und selig zu machen, was verloren ist" (Luk. 19,10). Die Erkenntnis unserer Sünde, das Eingeständnis unserer Schuld ist Vorraussetzung für unsere Annahme bei Gott. Deshalb hatten die Schriftgelehrten und Pharisäer zur Zeit Jesu keine Chance; denn sie hielten sich selbst für gut und gerecht. Jesus aber sagt von ihnen: „Wehe euch, ihr Heuchler!" (Matth. 23,13).
Die Situation des Verlorenen Sohnes änderte sich nicht dadurch, daß er um sich schlug; vielleicht hat auch er zunächst seine Schuld auf alle und jeden abgewälzt. Zuletzt aber hörte er auf, sich herauszureden und gab seine

Schuld zu: „Vater, ich habe gesündigt gegen den Himmel und vor dir." Genau das ist die Haltung, zu der uns die Gebote Gottes hinführen wollen.
Als Hiob die Kluft zwischen Gott und sich erkannte, rief er aus: „Ich spreche mich schuldig und tue Buße" (Hiob 42,6). Der Fischer Petrus fuhr auf Befehl Jesu noch einmal hinaus und machte einen so gewaltigen Fang, daß sein Netz zerriß. Doch statt sich über den geschäftlichen Erfolg zu freuen, fiel er vor Jesus zu Boden und rief aus: „Herr, gehe von mir hinaus! Ich bin ein sündiger Mensch" (Luk. 5,8).

DER TOD UNTERSTREICHT DIE REALITÄT DES menschlichen Verlorenseins. Er ist die konsequente Folge der Sünde (Röm. 6,23). In der Bibel ist neben dem leiblich-körperlichen Tod, so wie wir ihn allgemein verstehen, auch vom „geistlichen Tod" die Rede. Wie der körperliche Tod die Trennung von dem Lebendigen bedeutet, so bezeichnet der geistliche Tod die Trennung des Menschen von Gott. Ein Mensch, der putzmunter seinen Geschäften und Vergnügungen nachgeht, kann trotzdem „in Sünden und Übertretungen tot" (Eph. 2,1), für Gott gestorben sein.
In der Bibel wird noch eine dritte Form des Todes erwähnt, der als der „andere Tod" bezeichnet wird: „Der feigen Verleugner aber und Ungläubigen und Frevler und Todschläger und Unzüchtigen und Zauberer und Götzendiener und aller Lügner, deren Teil wird sein in dem Pfuhl, der mit Feuer und Schwefel brennt; das ist der zweite Tod" (Offb. 21,8).
Als „Gehenna", das Luther mit „Hölle" übersetzt, wurde damals ein Seitental am Stadtrand von Jerusalem bezeichnet, an das man nur mit Grauen dachte. In vorisraelitischer Zeit hatten die Kanaaniter dort dem Götzen Moloch Menschenopfer dargebracht. Zur Zeit Jesu befand sich da die Müllkippe Jerusalem. In der Tat brannte hier Tag und Nacht ein Feuer. Diesen Ort der Vernichtung und

der Sinnlosigkeit verwendete Jesus als Bild für die Verdammnis.
Jesus macht jedoch deutlich, daß dieser Ort des Grauens nicht für den Menschen geschaffen wurde, sondern für Satan und seine Engel. Nur wer sich gegen Gott und damit für den Teufel entscheidet, wird dessen Schicksal teilen. Zu ihm wird einmal gesagt werden: „Gehet hin von mir, ihr Verfluchten, in das ewige Feuer, das bereitet ist dem Teufel und seinen Engeln" (Matth. 25,41).
Gott geht bis an die Grenze menschlichen Vorstellungsvermögens, um ihm anhand von Bildern, die in der Begrenzung von Raum und Zeit verständlich sind, die furchtbare Konsequenz deutlich zu machen, die mit der Zurückweisung von Christus verbunden ist. Dabei beschränken sich die biblischen Schriftsteller auf ein Minimum an Information. Die Neugier des Menschen wird nicht befriedigt; er wird lediglich in die Lage versetzt, die Bedeutung seiner Entscheidung für oder gegen Christus zu ermessen.

ALLE RELIGIONEN SIND VERSUCHE DES MENSCHEN , einen Weg zu Gott zu finden. Sie enthalten Teilwarheiten; richtige Erkenntnisse sind mit falschen Auffassungen und Schlußfolgerungen vermischt. Und bei aller Unterschiedlichkeit sind sie in einem gleich: sie alle suchen einen Zugang zu Gott. Entsprechend bezeichnen sich die Religionsstifter als Suchende oder als Wegweiser. Jesus Christus aber war mehr. Er sagt: „Ich bin der Weg, die Wahrheit und das Leben, niemand kommt zum Vater denn durch mich" (Joh. 14,6). Er erhebt einen für viele ärgerlichen Ausschließlichkeitsanspruch, aber er unterscheidet sich damit von allen Religionsstiftern der Welt. Er sagt: „Ich bin die Tür; wenn jemand durch mich eingeht, der wird gerettet werden" (Joh. 10,9).
Nun hat eine Tür nur dort einen Sinn, wo eine Wand ist. Die

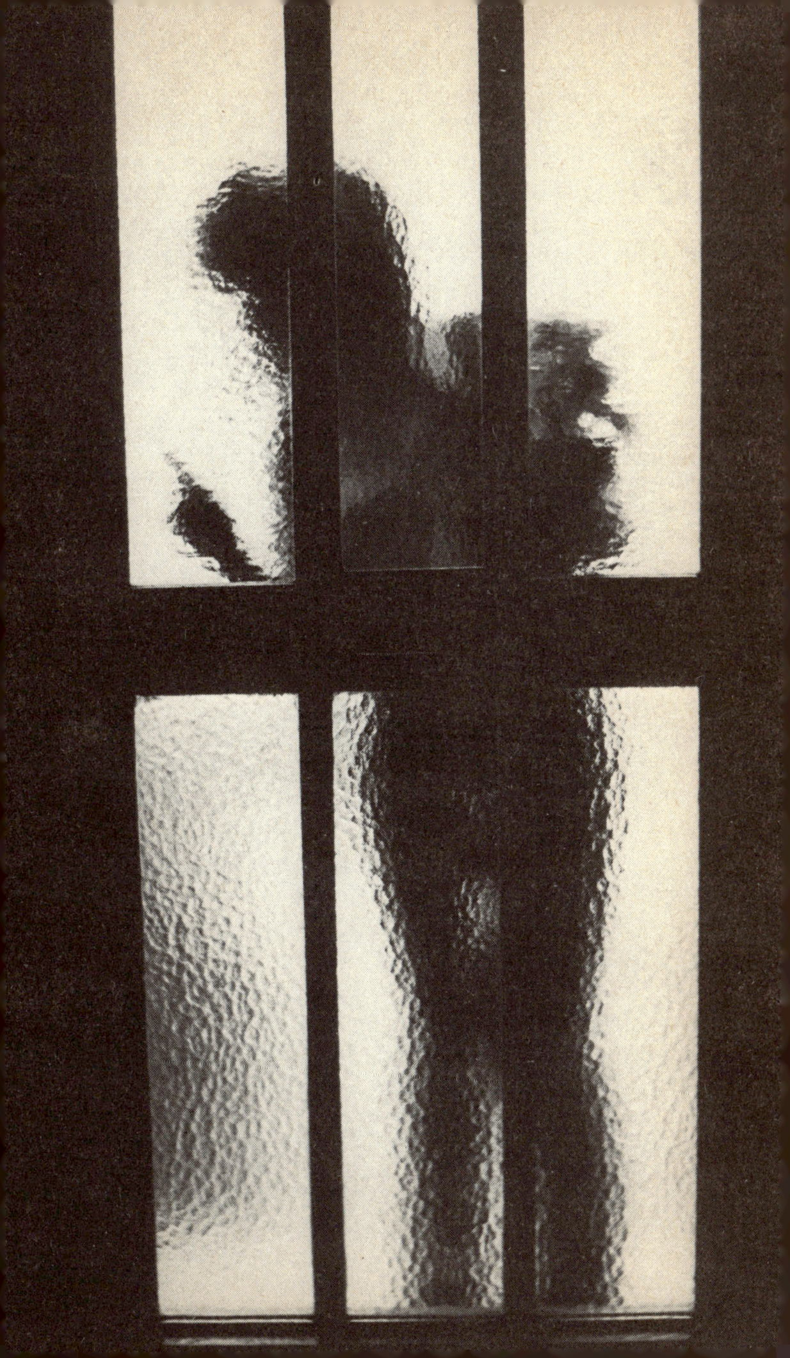

Wand, die Jesus durchbricht, ist die Trennwand zwischen Gott und den Menschen. Sie wird auf unserer Seite durch unsere Sünde und Schuld aufgerichtet, der auf der anderen Seite Gottes Heiligkeit entgegensteht. Diese Wand trennt uns zugleich von „Gottes Reich". Sie ist von der Seite des Menschen aus unüberwindbar. Die verschiedenen Religionen haben vergeblich versucht, sie zu durchbrechen, zu umgehen oder zu leugnen. Es gibt keinen Weg vom gefallenen Menschen zu Gott. Es gibt nur einen Weg von Gott zum Menschen. Von Gottes Seite her hat Christus die Tür aufgestoßen.

IM ALTTESTAMENTLICHEN TEMPEL VERWEHRte ein Vorhang den Menschen den Zutritt zum Allerheiligsten. Dieser Vorhang dokumentierte die Trennung, die zwischen Gott und dem sündigen Menschen bestand.

Als Jesus starb, verfinsterte sich über Golgatha der Himmel, und Jesus rief aus: „Es ist vollbracht!" (Joh. 19,30).

In jenem Augenblick riß der Vorhang des Tempels von oben bis unten mitten durch (Matth. 27,51). Durch dieses Zeichen ließ Gott die Menschen erkennen, daß Jesus Christus durch seinen Tod die Trennwand der Sünde durchbrochen hatte. Der Zugang zu Gott, der bisher auch der anbetenden Gemeinde verwehrt blieb, war frei.

Die Trennwand ist durchbrochen, die Tür steht offen. Das bedeutet: Gottes Heil gilt nun der ganzen Welt. Das ist die frohe Botschaft, die Mitte des Evangeliums. Dadurch kommt der Mensch nicht automatisch in Gemeinschaft mit Gott, aber jedem ist durch Christus die Möglichkeit dazu geboten.

Satan versucht, die Menschen weiter zu täuschen; er redet ihnen ein, daß nicht alle gemeint seien. Aber Jesus sagt: „Wer durch mich (in das Reich Gottes) eingeht, der

wird selig", und er verbindet damit keine weitere Bedingung, keine Einschränkung. „Die Gnade Gottes ist erschienen", schreibt Paulus, „die allen Menschen zum Heil dient" (Titus 2,11). Da ist keiner ausgenommen.
Das „Heil" Gottes wird uns in Jesus Christus als Geschenk angeboten. Als göttliche Gnade, die wir nicht verdient haben und nicht verdienen können. „Aus Gnade seid ihr gerettet worden durch den Glauben", schreibt Paulus, „und das nicht aus euch: Gottes Gabe ist es, nicht aus den Werken, auf daß sich nicht jemand rühme" (Eph. 2,8–9). Würden wir aufgrund unserer Werke gerettet, hätten wir Veranlassung, stolz zu sein. Da wir Vergebung nur als Gabe Gottes erhalten, sind wir völlig von ihm abhängig. Uns bleibt nur: sie anzunehmen und ihm zu danken.

UNTER EINEM BEGNADETEN KÜNSTLER VERstehen wir einen Menschen, dem Gott eine große Begabung in die Wiege gelegt hat. *Künstlerische Begabung ist ein unverdientes Geschenk, sie muß lediglich entfaltet werden.* Ähnlich verhält es sich mit der Gnade Gottes in Christus. Auch sie empfangen wir als Gabe. Die einzige Voraussetzung, die daran geknüpft ist, ist die, daß ich sie annehme, so wie ich jede mir angebotene Gabe annehmen muß, wenn ich sie besitzen will.
Vor vielen Jahren predigte ich in Berlin von den Stufen eines Kirchenportals aus. Viele, die vorüberkamen, blieben stehen, um zuzuhören. Unmittelbar vor mir standen einige Jungen. Als ich den Zuhörern deutlich machen wollte, daß jeder Gottes Gnade als Geschenk persönlich annehmen muß, zog ich eine Mark aus der Tasche und rief einem der Jungen zu: „Da, ich schenke dir diese Mark!" Vielleicht war er so erschrocken, als ich ihn plötzlich ansprach, daß er deshalb nicht reagierte. Vielleicht meinte er auch, so etwas gehöre sich in einer Predigt nicht. Jedenfalls nahm er die Mark nicht an. Daraufhin

wendete ich mich an den zweiten Jungen: „Dann schenke ich dir die Mark." Aber auch er nahm sie nicht. Vielleicht glaubte er mir nicht. Als ich gegenüber dem dritten mein Angebot wiederholte, schaute er die beiden anderen an. Vielleicht schämte er sich nun, vorzutreten, nachdem die beiden anderen es nicht getan hatten. Aber was auch immer die Jungen zu ihrer Haltung veranlaßte, keiner hat die Mark bekommen.
„Ich hätte sie aber genommen", wird nun vielleicht mancher sagen. Einmal, wenn sie vor Gott stehen, werden viele Menschen so sprechen: „Hätte ich doch!" Dann wird ihnen die Tragik ihres Lebens voll bewußt werden: Sie haben das Geschenk der Gnade nicht angenommen, obwohl es ihnen angeboten war.
Der Weg zu Gott steht offen. Er heißt: Jesus. Alle Wege, die an Jesus Christus vorbeigehen, führen in die Irre. Nur eine Tür führt in die Gemeinschaft mit Gott. Jesus, der es allein wissen kann und muß, sagt: „Ich bin diese Tür".

WAS HINDERT DIE MENSCHEN, VON DIESER großen Möglichkeit Gebrauch zu machen? „Wer Sünde tut, der ist der Sünde Knecht", sagt Jesus (Joh. 4,38). Der Mensch ist in seine Sünde verliebt und bereit, ihr große Opfer zu bringen. Er mag sich gegen die Sünde wehren, sich nach einer Befreiung sehnen; er bleibt trotzdem daran gebunden, solange er sich nicht der befreienden Hilfe Gottes anvertraut.
Sünde macht blind für die Wirklichkeit. Bei aller leidenschaftlichen Sehnsucht nach Freiheit fällt der Mensch immer wieder auf die Lügen des großen Verführers herein. Eins der raffiniertesten Argumente Satans besteht darin, dem Menschen einzureden, daß es gegen die Vernunft verstoße, sich Jesus Christus zuzuwenden. Dabei ist es gar nicht der Verstand, der dem Glauben im Weg steht, sondern das Herz, das an der Sünde festhalten will.

Gott will den Menschen in die Gemeinschaft mit ihm zurückbringen. Alles, was uns von diesem Ziel abbringt oder fernhält, ist „Zielverfehlung" und damit Sünde. Einige der häufigsten Hindernisse, die Menschen auf dem Weg zu Gott entgegenstehen, möchte ich anführen:

1. Viele Menschen verfehlen die eigentliche Bestimmung ihres Lebens aus Gleichgültigkeit. Dazu braucht man in keiner Weise aktiv zu werden. Man bleibt einfach mit sich selbst, mit seinen egoistischen Vorstellungen, Plänen und Gedanken beschäftigt. Daraufhin verliert man automatisch das Verhältnis zu Gott immer mehr aus den Augen. Und das ist vielleicht der gefährlichste Zustand des in seine Sünde verstrickten Menschen. Darum stellt der Schreiber des Hebräerbriefes die ernste Frage: „Wie wollen wir entfliehen, wenn wir eine so große Errettung vernachlässigen?" (Hebr. 2,3; Elberf. Übersetzung).

2. Andere Menschen verpassen das Ziel ihres Lebens, weil sie nicht den Mut haben, ihr Vertrauen auf Jesus Christus zu setzen. Sie fürchten sich vor den Folgen. Dabei ist es zwar vielleicht verständlich, aber gewiß nicht logisch, wenn man die Angst vor Menschen über die Gottesfurcht stellt. Jesus Christus ist die Tür zum Reich Gottes. Der Mensch weiß es und trifft dennoch seine Entscheidung für Jesus nicht, weil er das Gerede und vielleicht den Spott seiner Nachbarn und Kollegen mehr fürchtet als Gott.

3. Viele Menschen erreichen die Bestimmung ihres Lebens nicht, weil sie Gebundenheiten ihres alten Lebens für stärker halten als die Kraft Christi. Im Grunde möchte jeder Mensch von seinem Laster los sein und wünscht sich sehnlich, daß die Ketten, die ihn festhalten, gesprengt würden. Er hat sich aber so an seine Gebundenheit gewöhnt, daß er Jesus Christus die Befreiung aus seiner Situation nicht mehr zutraut. Anstatt sich der befreienden Kraft Jesu anzuvertrauen und ihm das Lösen

seiner Fesseln zu überlassen, konzentriert er sich auf seine Gebundenheit und bemitleidet sich selbst.
Jesus Christus kann uns von jeder Bindung befreien, wenn wir ihm mehr vertrauen als der Macht der Sünde. Dazu aber muß ich bereit sein, mich von meiner Sünde zu trennen. Das ist der Gehorsam, den Gott von uns verlangt; denn er gibt den Heiligen Geist „denen, die ihm gehorchen" (Apg. 5,32). Wer Gott gehorsam werden will, kann nicht gleichzeitig der Sünde dienen wollen.
Du weißt, was in deinem Leben Sünde ist. Du weißt genau, was Gott an dir mißfällt. Und du weißt auch, daß du Gott mit äußerer Korrekheit darüber nicht hinwegtäuschen kannst. Jesus will dich ganz und ohne Vorbehalt besitzen. Deshalb fordert er uns auf, Buße zu tun: unseren Sinn, unsere Einstellung zu ändern.
Reue ist nur ein Teil der Buße. Oft bezieht sie sich nur auf die unglücklichen Folgen einer falschen Handlungsweise, deretwegen ich rückwirkend mein Tun bedaure. Buße dagegen ist eine grundsätzliche Änderung meiner ganzen Einstellung: sie führt dazu, daß ich das Böse nicht wegen seiner Folgen, sondern um Gottes Willen verneine. Bei seiner Predigt im Tempel von Jerusalem forderte Petrus die Zuhörer auf: „So tut nun Buße und bekehrt euch, daß eure Sünden getilgt werden" (Apg. 3,19).
Diese Tilgung der Sünde ist auf Golgatha geschehen. Jesus Christus hat eine vollkommene Erlösung vollbracht, zu der wir nichts hinzusetzen können und nichts hinzufügen brauchen. Sie steht uns zur Verfügung. Aber nur, wenn wir sie in Anspruch nehmen, hat sie die Annullierung aller unserer Sünde zur Folge.

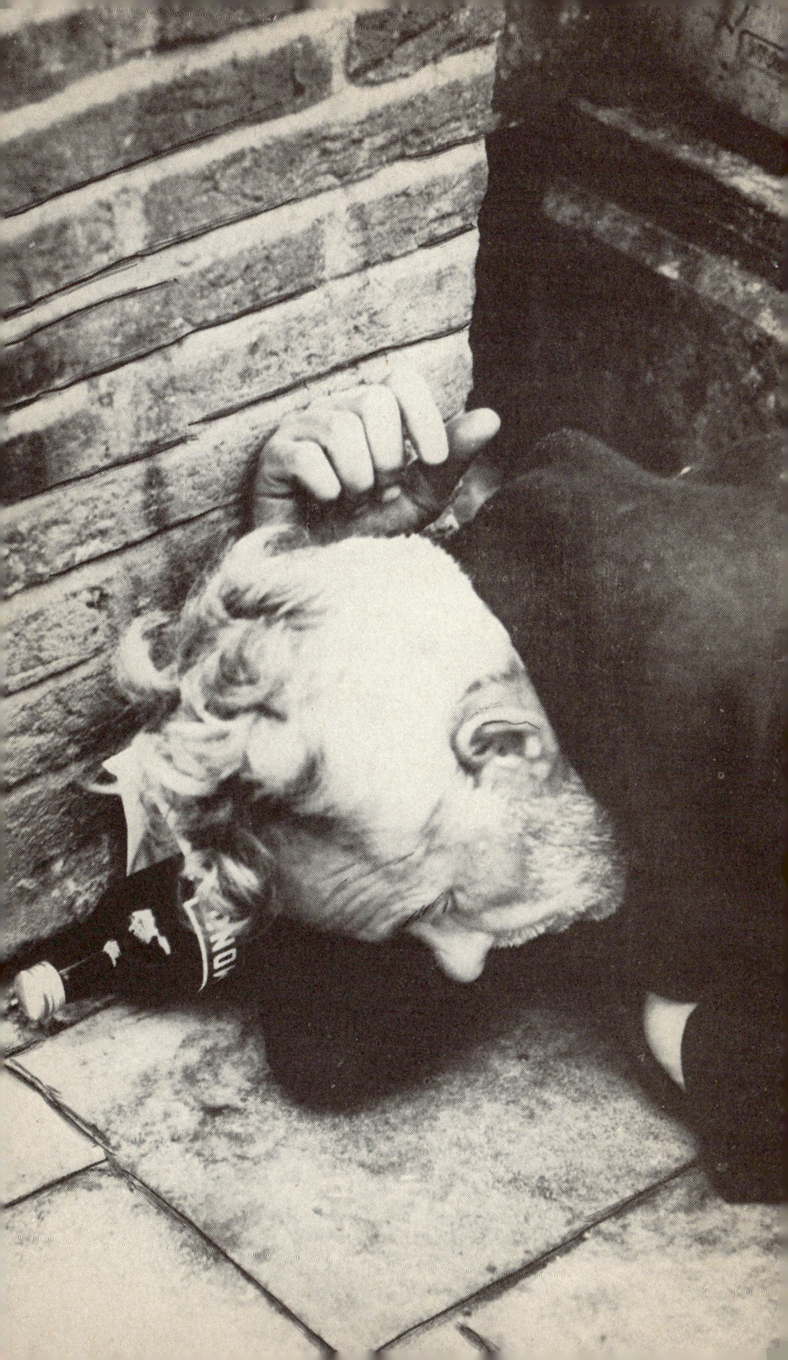

VIELE MENSCHEN SIND DER MEINUNG, DIE Umkehr zu Christus könnte nicht plötzlich erfolgen. Sie bedürfe einer langen Vorbereitung, in der der Mensch an Jesu glauben lerne. Ein solcher Vorgang erfordere viel Geduld, man rechnet mit wochenlanger, vielleicht mit monatelanger Buße. Es gibt sogar Leute, die sagen, daß man nur aufgrund einer langjährigen Prüfungszeit dahin kommen könne, zu glauben.

Nun arbeitet Gott in seiner Liebe fraglos von früher Jugend an an uns. Und oft dauert es Jahre, ja manchmal Jahrzehnte, bis ein Mensch sich für Gott öffnet. Damit ist aber nicht gesagt, daß die Bekehrung selbst eine lange Zeit in Anspruch nehmen müsse; dazu fehlt außerdem jeder biblische Beleg. In der Bibel wird vielmehr immer wieder von Menschen berichtet, die aufgrund göttlichen Eingreifens eine plötzliche Bekehrung erfahren haben. Das Bekehrungserlebnis des Apostels Paulus auf der Straße nach Damaskus ist dafür das prominenteste Beispiel.

Was zur Zeit der Apostel geschah, kann sich heute in gleicher Weise ereignen. Die ersten 3000 Menschen, die zu Pfingsten gläubig wurden, bedurften keiner langen Anlaufzeit. Sie wurden durch das Wirken des Geistes so umgekrempelt, daß sie noch am gleichen Tag die erste Gemeinde bildeten (Apg. 2,41). Im folgenden Kapitel beschreibt Lukas das Heilungswunder an der „Schönen Pforte" des Tempels. Daraufhin strömten viele Menschen zusammen und hörten das Evangelium. Im Anschluß an die Predigt des Petrus stieg allein die Zahl der glaubenden Männer auf 5000 (Apg. 4,4).

Später berichtet Lukas von einem Kerkermeister in Philippi (Apg. 16,23–36). *Er war ein brutaler, rauher Mensch, der die Apostel in das innerste Gefängnis warf. Er schraubte ihre Füße in den Stock und legte ihre Hände in Ketten.* Daß ihre Rücken blutig geschlagen waren, kümmerte ihn nicht. Aber als um Mitternacht ein Erdbeben das Gefäng-

nis erschütterte, da wußte er, daß Gott zu ihm redete. Und er bekehrte sich in jener Stunde. Am nächsten Morgen stand ein völlig veränderter Mann vor den Aposteln; er nahm sie in sein Haus auf und wusch ihnen die Striemen aus. Diese Wandlung haben nicht die Apostel hervorgerufen, sie geht auf die Kraftwirkung des Heiligen Geistes zurück.

Das gleiche geschieht überall da, wo sich Menschen für Gott öffnen, seinem Anruf zu Buße und Glauben gehorsam werden. Die Umstände und Situationen, unter denen sich diese entscheidenden Wende vollzieht, mögen dabei so unterschiedlich sein, wie es die betroffenen Menschen nach Art, Charakter und Temperament sind. Das Prinzip der Umkehr wird dadurch nicht verändert.

NUR, WER SICH ALS SÜNDER BEGREIFT, KANN an Jesu glauben. Wer sich als guter Mensch vorkommt, wird die Notwendigkeit einer Erlösung nicht einsehen. Wer nicht weiß, daß er verloren ist, wird nicht auf den Gedanken kommen, einen Retter anzurufen. *Und wer im Morast seiner Verirrungen und Sünden bleiben will, wird den Rettungsring, der ihm zugeworfen wird, nicht ergreifen.* Wer sich also für gut hält oder in seiner Sünde bleiben will, wird mit dem Begriff „Glauben" wenig anfangen können. Er erschließt sich nur Leuten, die ihre Sünde erkannt haben und bereit sind, sich davon zu trennen.

Unser Wort „glauben" hängt mit dem altdeutschen globen (= geloben) zusammen. An Jesus Christus glauben, heißt also: ihm vertrauen. Der Glaube entspricht einem Gelöbnis, einer die ganze Existenz umfassenden Bindung an den Sohn Gottes. Glaube hat primär nicht eine Lehrfrage, sondern eine Person zum Gegenstand. Gemeint ist kein theoretischer, konfessionell-dogmatischer Glaube, sondern das vorbehaltlose Vertrauen in die Person Jesu Christi; eine Hinwendung, die Jesus auch ein-

fach mit dem Begriff „kommen" beschreibt: „Kommt her zu mir alle" (Matth. 11,28). – „Wer zu mir kommt, den werde ich nicht hinausstoßen" (Joh. 6,37).
Dieser Anspruch Jesu ist eine feste Zusage. Sie bietet jedem Menschen die Möglichkeit, zu Gott zurückzukehren. Als einzige Bedingung wird jene aufrichtige Hinwendung genannt, die sich aus dem Zusammenklang der Begriffe Glauben und Treue ergibt, die im Griechischen die gleiche sprachliche Wurzel haben. Jesus Christus ist bei uns, auch wenn wir ihn nicht sehen. Er umgibt uns wie die Luft, die wir atmen. Und sein Angebot wendet sich an alle: „Wer da will, der nehme" (Offb. 22,17). Jeder darf zu Jesus kommen. Aber selbst unsere Bereitschaft dazu ist letztlich Gottes Werk. Es ist seine Liebe, die uns anzieht.
Schon aus dem sprachlichen Zusammenhang der Begriffe „Glaube" und „Treue" ergibt sich, daß unsere Entscheidung für Christus zu einer bleibenden Lebensgemeinschaft mit Christus führt. *Wenn zwei junge Menschen sich Treue gelobt haben, empfinden wir es als selbstverständlich, daß sie die Nähe des anderen suchen und auch vor Freunden und Bekannten zueinander stehen.* Das müßte schon ein komischer Mann sein, der sich des Mädchens schämt, mit dem er sein Leben teilen will! Genauso befremdend ist es, wenn jemand Jesus Christus sein Leben anvertraut und ihn anschließend verleugnet. Bei solchen Menschen dürfte es manche geistliche Blockade geben. Jesus sagt: „Wer mich bekennt vor den Menschen, den will ich auch bekennen vor meinem himmlischen Vater" (Matth. 10,32).

EIN JUNGE HATTE GROSSEN ABSCHEU VOR einem Mann, der öfters im Haus seiner Eltern verkehrte und im Gesicht und an den Händen durch Brandwunden entstellt war. Jener Mann bemühte sich sehr um die Freundschaft des Jungen, doch als dieser ihm zusammen mit anderen Kindern auf dem Schulweg begegnete, tat er so, als habe er ihn nicht erkannt. Dann erzählte die Mutter dem Jungen eines Tages, daß vor Jahren, als er noch sehr klein war, das elterliche Haus abgebrannt sei. Damals habe ihn ein Mann unter Lebensgefahr aus dem brennenden Haus gerettet. „Es war jener Mann, den du nicht magst und dessen du dich schämst", fuhr die Mutter fort. Die entstellenden Narben, die dich abstoßen, hat er sich zugezogen, als er dir das Leben rettete." Welche Veränderung daraufhin im Verhalten des Jungen vorging, braucht nicht beschrieben zu werden. – Es ist die Frage, ob es in unserem Leben nicht zu einer vergleichbaren Solidarität mit Jesus kommen müßte, wenn wir uns klarmachen, was er für uns getan hat.

Was wir tun und wie wir uns verhalten, kann für unsere Umwelt von entscheidender Bedeutung sein. *Wenn ich einen Stein ins Wasser werfe, so verändert das die Stelle, an der er auf die Wasseroberfläche auftrifft, nur kurz.* Aber durch den Aufschlag werden viele Wellenringe ausgelöst, die sich von der Einschlagstelle aus nach allen Seiten ausdehnen und vielleicht bis ans Ufer reichen. Manches, was wir tun, mag uns nicht wichtig erscheinen; trotzdem kann es auf unsere Umwelt beachtliche Auswirkungen haben. Wenn wir uns zu Jesus bekennen, wird das auf die Menschen in unserer Umgebung nicht ohne Einfluß bleiben. Wer seine Zugehörigkeit zu Jesus verleugnet, kann dadurch andere daran hindern, mit Jesus in Berührung zu kommen.

Manche Menschen sagen: „Was ich mit Gott erlebt habe, ist eine Sache, die nur mich allein angeht, und deshalb behalte ich sie für mich." Aber Jesus sagt: „Was ihr im Ohr

hört, das predigt auf den Dächern!" (Matth. 10,27). Er will, daß wir eine klare Stellung einnehmen und ihn vor den Menschen bekennen.

Zu den Jüngern sagte er: „Die Wahrheit wird euch freimachen" (Joh. 8,32). Wer Jesus Christus verleugnet, obwohl er an ihn glaubt, kann nicht völlig frei sein, weil er die Wahrheit verheimlicht. Das Bekenntnis zu Jesus dagegen wirkt befreiend. Es überwindet die Furcht vor Menschen, die Freude an der Gemeinschaft mit Gott kommt neu in uns zum Durchbruch. Diese Freude ist stärker als Spott und Hohn, mit denen die Umwelt möglicherweise auf unser Bekenntnis reagiert.

FRIEDEN UND GEWISSHEIT GEHÖREN ZUsammen. Wer auf die entscheidenden Fragen seines Lebens keine eindeutigen Antworten weiß, kann nicht zur Ruhe kommen.

Wir wissen, wie furchtbar Ungewißheit sein kann, wenn unsere Kinder im Nebel mit dem Auto unterwegs sind. Rastlos geht man in der Wohnung auf und ab, bis der erlösende Anruf kommt: „Wir sind gut angekommen." Mit einem Schlag hat die nagende Ungewißheit ein Ende, wir atmen erleichtert auf.

Viele Menschen leben im Blick auf die ewige Bestimmung ihres Lebens in ähnlicher Ungewißheit. Sie wissen nicht, ob Gott sie annehmen wird, wenn sie diese Welt verlassen und die neue Welt Gottes betreten. Sie raten herum, sind von Zweifeln geplagt; letzte Klarheit fehlt ihnen. Oft haben Unruhe, Nervosität und Unrast des Menschen hier ihren Ursprung. Dabei hat Jesus Christus gesagt: „Meinen Frieden gebe ich euch" (Joh. 14,27). Er hat versprochen, daß wir zur Ruhe kommen dürfen.

Wer durch Jesus Christus Vergebung seiner Schuld erfahren hat, der darf auch in der Gewißheit leben, daß er einmal ewig bei Christus sein wird. Diese Gewißheit ist

das Fundament unseres inneren Friedens, der in der Bibel auch als „Friede Gottes" bezeichnet wird. Wie erhält ein Mensch diese Heilsgewißheit"?

Alles, was wir von und über Gott wissen, geht letztlich auf eine Quelle zurück: die Bibel. Nur aufgrund der Aussagen dieses Buches wissen wir, wer Gott ist, daß er durch sein Wort Himmel und Erde geschaffen hat. In der Bibel wird uns gesagt, daß der Mensch von Gott gemacht ist und welche Zielsetzung er von ihm erhalten hat. Durch die Berichte der biblischen Schriftsteller wissen wir, daß Gott Liebe und Gerechtigkeit in Person ist, durch die Gebote Gottes, die uns in der Bibel mitgeteilt werden, erkennen wir sündhaftes Verhalten und Schuld im eigenen Leben. Und es ist dieses Buch, das uns darüber informiert, daß jeder, der das Opfer Christi im Glauben für sich in Anspruch nimmt, der Vergebung und des ewigen Heils gewiß sein darf. Paulus sagt: „Wir wissen, daß wir, wenn unsere irdische Zeltwohnung abgebrochen sein wird, einen Bau haben, den Gott bereitet hat, ein nicht mit Händen gemachtes ewiges Haus im Himmel" (2. Kor. 5,1). Er vergleicht unser Leben mit der Vorläufigkeit eines Beduinenzelts, das nach Bedarf aufgebaut und abgerissen wird. Gott aber hält dazu ein ewiges Gegenstück im Himmel für uns bereit. Paulus sagt nicht, daß wir es erhoffen, sondern daß wir das ganz sicher wissen. Er verläßt sich dabei weder auf sein Gefühl, noch auf eine vermeintliche Vollkommenheit; denn er hielt sich durchaus nicht für vollkommen. Er sagt von sich selbst: „Nicht daß ichs schon ergriffen habe oder schon vollkommen sei; ich jage ihm aber nach, ob ichs wohl ergreifen möchte, nachdem ich von Christus Jesus ergriffen bin" (Phil. 3,12). Er streckt sich aus nach einem geheiligten Leben; das gehört zur Bewährung im Glaubenskampf. Aber die entscheidenden Weichen sind gestellt; das Fundament besteht darin, daß er bereits „von Christus Jesus ergriffen" ist.

PAULUS SPRICHT VON EINER ENTWICKLUNG nach vorn, auf Christus hin. Aber wenn es um die Gewißheit des Heils geht, sind seine Aussagen eindeutig: „Ich habe Lust, abzuscheiden und bei Christus zu sein" (Phil. 1,13). Er schreibt den Philippern nicht, daß sich nach seinem Tod herausstellen werde, ob er von Gott angenommen würde oder nicht. Darüber gab es für Paulus keinen Zweifel; denn er vertraute den Zusagen Gottes unbedingt und ohne Einschränkung.

An die Römer schreibt er: „Was sollen wir nun hierzu sagen? Ist Gott für uns, wer mag wider uns sein? Welcher auch seines eigenen Sohnes nicht hat verschonet, sondern hat ihn für uns alle dahingegeben; wie sollte er uns mit ihm nicht alles schenken? Wer will die Auserwählten Gottes beschuldigen? Gott ist hier, der da gerecht macht. Wer will verdammen? Christus ist hier, der gestorben ist, ja vielmehr, der auch auferweckt ist, welcher ist zur Rechten Gottes und vertritt uns" (Röm. 8,31–34). Und er fährt fort: „Wer will uns scheiden von der Liebe Gottes? Trübsal oder Angst oder Verfolgung oder Hunger oder Blöße oder Fährlichkeit oder Schwert?" (V. 35)

Wenn Gott für uns ist, sagt Paulus, dann kann an dieser Tatsache keine Macht der Welt etwas ändern. Wenn Jesus Christus „unser Heiland ist und „unser" Herr, dann gehören wir für Zeit und Ewigkeit ihm. Paulus schließt das Kapitel nicht mit einer Vermutung („Ich könnte mir vorstellen"), sondern mit der Überzeugung: „Ich bin gewiß, daß weder Tod noch Leben, weder Engel noch Fürstentümer noch Gewalten, weder Gegenwärtiges noch Zukünftiges, weder Hohes noch Tiefes noch keine andere Kreatur kann uns scheiden von der Liebe Gottes, die in Christus Jesus ist, unserem Herrn" (Röm. 8,38–39).

Paulus gründet seine Heilsgewißheit weder auf seine vorbildliche Lebensführung noch auf seine Stellung als Apostel. Seine enormen missionarischen Leistungen erwähnt er überhaupt nicht. Seine Heilsgewißheit steht und fällt mit der Tatsache, daß Jesus Christus seine Schuld vergeben und ihm ein neues Leben geschenkt hat.

WENN ZUR ZEIT DES ALTEN TESTAMENTS EIN Mensch gesündigt hatte, übertrug er seine Sünde auf ein Opfertier, indem er dem dazu bestimmten männlichen Lamm die Hand auf den Kopf legte. Dieses Lamm wurde dann als Sündopfer dargebracht. Als Jesus an den Jordan kam, brachte ihn Johannes der Täufer mit dieser Form des Sündopfers in Verbindung. Er rief aus: „Siehe, das ist Gottes Lamm, welches der Welt Sünde trägt!" (Joh. 1,19). Jesus Christus starb am Kreuz als Opferlamm, auf das die Sünde der ganzen Welt übertragen worden war. Dazu gehört auch deine und meine Schuld. Wenn du dieses Opfer Jesu im Glauben für dich annimmst, dann gilt es auch für dich.
Dieses Sühnopfer Jesu wird im Neuen Testament vielfach bestätigt. Petrus sagt: „Er hat unsere Sünden selbst hinaufgetragen an seinem Leib auf das Holz" (1. Petr. 2,24). Und Paulus erklärt gegenüber den Korinthern, daß Gott „den, der von keiner Sünde wußte, für uns zur Sünde gemacht" hat, auf daß wir würden in ihm die Gerechtigkeit, die vor Gott gilt" (2. Kor. 5,21).
Der Sündlose wurde zur Sünde, der Unschuldige trug unsere Schuld, der Fürst des Lebens ging an unserer Stelle in den Tod. Er wurde um unseretwillen arm, auf daß wir reich würden. Das hat Jesus Christus am Kreuz für uns getan. Ich darf es im Glauben fassen, daß er die Sünde, die mich von Gott trennte, für immer ausgelöscht hat. Auch meine Gewißheit gründet sich allein darauf, daß Jesus am Kreuz meine Sünden getragen, meine Schuld vergeben und mir das Leben geschenkt hat.
Wenn ich Menschen nach dieser Gewißheit frage, erhalte ich oft zur Antwort: „Nun, ich denke doch...". – „Ich fühle, daß Gott mir nahe ist." – „Ich habe in der Vergangen-

heit manche Gebetserhörung erlebt, da nehme ich doch an, daß Gott mich angenommen hat."

Alle diese Antworten zeugen von einem mangelnden Vertrauen in die Zusagen Gottes. Glaubensgewißheit erhält man weder durch angestrengtes Nachdenken, noch durch Gefühle oder Empfindungen; sie besteht einzig und allein im Vertrauen auf das, was Gott mir versprochen hat.

JEDER MENSCH WILL ETWAS VOM LEBEN HABEN, er möchte es geniesen, das Beste daraus machen. *Aber Leben und Leben ist nicht dasselbe. Viele sind mit den Möglichkeiten, die ihnen das Leben bietet, nicht zufrieden.* Mancher hat sein Leben selbst verpfuscht. Bei anderen hat Krankheit es ruiniert.

Unabhängig von allen Erwartungen und Enttäuschungen kann der Mensch ein neues Leben empfangen. Es verändert ihn so stark, daß die Auswirkungen auch nach außen hin sichtbar werden. Jesus sagt, daß jeder Mensch dieses ewige Leben empfängt, der an ihn glaubt (Joh. 3,15). In einem Streitgespräch mit den Juden erklärte er: „Wahrlich, wahrlich ich sage euch: wer mein Wort hört und glaubt dem, der mich gesandt hat, der hat das ewige Leben und kommt nicht in das Gericht; sondern er ist vom Tode zum Leben hindurchgedrungen" (Joh. 5,27).

Johannes schreibt in seinem 1. Brief: „Und das ist das Zeugnis, daß uns Gott das ewige Leben gegeben hat, und solches Leben ist in seinem Sohn" (1. Joh. 5,11). Dieses Leben bekommt man nur durch Jesus, denn: „Wer den Sohn hat, der hat das Leben, wer den Sohn nicht hat, der hat das Leben nicht" (V. 12). Wer also Jesus Christus in sein Leben aufgenommen hat, hat damit auch das ewige Leben empfangen.

Johannes fährt fort: „Solches habe ich euch geschrieben, die ihr glaubet an den Namen des Sohnes Gottes, auf daß

ihr wisset, daß ihr das ewige Leben habt" (V. 13). Dieser Satz enthält eine wichtige dreifache Aussage: Johannes erklärt, daß jeder, der an Jesus glaubt, das ewige Leben empfangen „hat". Dabei handelt es sich nicht um eine Vermutung, sondern um eindeutiges Wissen. Und zu diesem Wissen komme ich, weil es „geschrieben" steht.

ALLE MENSCHEN SIND GOTTES GESCHÖPFE; aber nicht alle Leben mit ihm in einem Verhältnis, *wie es der Beziehung zwischen einem Vater und seinen Kindern entspricht, nicht alle sind „Gottes Kinder."*

Jesus wirft einer bestimmten Gruppe religiöser Menschen zu seiner Zeit sogar vor: „Ihr habt den Teufel zum Vater" (Joh. 8,44). Trotz ihrer Religiosität standen jene Menschen Jesus ablehnend gegenüber. Sie legten großen Wert auf eine formale, am Buchstaben des Gesetzes orientierte Frömmigkeit und entfernten sich dadurch von einem lebendigen Kontakt zu Gott. Sie waren zwar seine Geschöpfe, aber an einem Vater-Kind-Verhältnis hatten sie keinen Anteil.

In dieser Situation befindet sich jeder Mensch, solange er Jesus Christus ablehnt. Erst wenn er Jesus sein Leben überläßt, wird er dadurch ein „Kind Gottes". Der Evangelist Johannes sagt: „Wie viele ihn aber aufnahmen, denen gab er Macht, Gottes Kinder zu werden" (Joh. 1,12).

Daß ein Kind seinen Vater beerbt, ist normal. Nun müssen wir die unerhörte Tatsache akzeptieren, daß Gott auch den Menschen, die in das Kindschaftsverhältnis zu ihm zurückkehren, einen Erbanteil an seiner himmlischen Welt zuspricht. Paulus sagt: „Sind wir aber Kinder, so sind wir auch Erben, nämlich Gottes Erben und Miterben Christi" (Röm. 8,17).

Ob ein Mensch in das Kindschaftsverhältnis zu Gott zurückgefunden hat, wird sich nicht erst in der Herrlichkeit Gottes herausstellen. Jeder Mensch, der Jesus Christus

sein Leben überantwortet hat, darf wissen, daß er schon heute ein Kind Gottes ist.
Johannes stellt eindeutig fest: „Wir sind nun Gottes Kinder" (1. Joh. 3,1). Und Paulus erklärt, wie es zu solcher Überzeugung kommt: „Der Geist selbst gibt Zeugnis unserem Geist, daß wir Gottes Kinder sind" (Röm. 8,15–16). Die „Söhne" (Röm. 8,14) und Töchter Gottes haben auf dieser Erde zwar ihre Aufgaben zu erfüllen, aber sie sind ihr nicht mehr letztlich verhaftet; ihr Bürgerrecht erstreckt sich bereits auf die neue Welt Gottes, der sie im Glauben entgegengehen.

ALLE MENSCHEN, DIE AN JESUS CHRISTUS glauben, bilden die Gemeinde des lebendigen Gottes. *Zur universalen christlichen Gemeinde gehören die Glaubenden aus allen Völkern, ohne Rücksicht auf Hautfarbe und Sprache, Konfessionszugehörigkeit und Frömigkeitsform.*
Entscheidender Grund- und Eckstein dieser Gemeinde ist Jesus Christus selbst: „... da Jesus Christus der Eckstein ist, auf welchem der ganze Bau ineinandergefügt wächst zu einem heiligen Tempel in dem Herrn; auf welchem auch ihr miterbaut werdet zu einer Behausung Gottes im Geist" (Eph, 2,20–22). Jeder Christ wird als ein lebendiger Stein in diesen Bau der Gemeinde Gottes eingefügt.
Wir dürfen die weltweite Gemeinde Jesu nicht aus dem Auge verlieren; sie ist eine Realität, die uns ermutigt und unseren Glauben stärkt. Der Alltag eines Christen jedoch vollzieht sich in einem überschaubaren Lebensbereich, und dem entspricht die Ortsgemeinde. Sie kann, bedingt durch geschichtliche Entwicklungen und Frömmigkeitsauffassungen, unterschiedliche Strukturen aufweisen. Wichtig ist, daß sich Älteste und Gemeindeglieder immer

neu am neutestamentlichen Gemeindeverständnis ausrichten (2. Tim. 2; 3).

Von den Menschen, die zu Pfingsten die erste Gemeinde bildeten, berichtet Lukas: „Sie blieben aber beständig in der Apostel Lehre und im Brotbrechen und im Gebet" (Apg. 2,42).

Von Anfang an ist es charakteristisch für die örtliche Gemeinde, daß kein isoliertes, individuelles Christsein angestrebt wird, sondern daß man regelmäßig zusammenkommt und untereinander Gemeinschaft hat.

In diesen Zusammenkünften spielt die von den Aposteln entfaltete Lehre eine wesentliche Rolle. Für uns heute bedeutet dies: Beschäftigung mit dem Neuen Testament im persönlichen Bibelstudium und in der Gemeinschaft der Gemeinde: in Predigt, Bibelarbeit und Hauskreis.

Zur Aufgabe der Ortsgemeinde gehört auch das Abendmahl als zentraler Ort der Anbetung. Jesus hat es eingesetzt, um die Gemeinde immer neu an das Wort und die Tat vom Kreuz zu erinnern. Schließlich wird das Gebet erwähnt. Christen beten nicht nur allein, sondern auch in der Gemeinde. In der Apostelgeschichte wird immer wieder von Erhörungen Gottes als Antwort auf das Gebet der Gemeinde berichtet.

„IHR SEID DAS SALZ DER ERDE" (Matth. 5,13). Salz ist etwas völlig anderes als die Nahrungsmittel, mit denen es vermischt wird. Ähnlich, sagt Jesus, verhält es sich mit den Christen. Sie leben zwar „in der Welt", aber sie gehören ihr nicht mehr an, sie sind nicht mehr „von der Welt". Was sie von den anderen Menschen unterscheidet, ist Jesus, der in ihnen wohnt und wirkt. Deshalb wird diese Andersartigkeit nur in dem Maß offenbar, in dem der Christ sich für das Wirken Jesu öffnet.
Salz ist seinem Wesen nach Salz; es muß sich dazu nicht besonders anstrengen. Durch seine Wirkung entsteht kein neues Leben, aber es bewahrt vor dem Verderben. So hält auch der Christ einfach durch seine Präsenz das Böse in der Welt auf. *Dabei wirkt jeder an dem Platz, wo er hingestellt ist: Der Arbeiter an der Werkbank, der Geschäftsmann im Büro, der Politiker in Ausschüssen oder in der Verwaltung, die Mutter in Haus und Familie.* Diese Wirkung sollten wir nicht unterschätzen. Mancher schlechte Witz ist nicht zu Ende erzählt worden, weil er in die Gegenwart dessen, der gerade hereinkam, nicht paßte. Manches Mädchen ist vor Belästigungen bewahrt geblieben, weil es sich durch seine Lebensweise als Christin auswies. In manchem Haus wird nicht gelogen, weil Vater und Mutter die Wahrheit sagen.
Christen sollen nicht nur Salz sein. Jesus hat sie auch als „das Licht der Welt" bezeichnet. Er spricht damit darauf an, daß die Christen in ihrer Umgebung als Leute Gottes offenbar werden müssen; durch ihr Leben und ihr Verhalten soll Licht auf Menschen und Situationen fallen, das zur Klärung beiträgt und anderen hilft, den rechten Weg zu finden.
Geben wir uns keiner Illusion hin. In unserer Welt ist es dunkel. So einfach ist das heute mit dem Leuchten nicht. Aber Jesus Christus selbst ist das Licht der Welt. Er hat uns vergeben. Er ist unsere Kraft. Wenn wir von dem reden, was unsere Kraft ausmacht, dann sprechen wir von

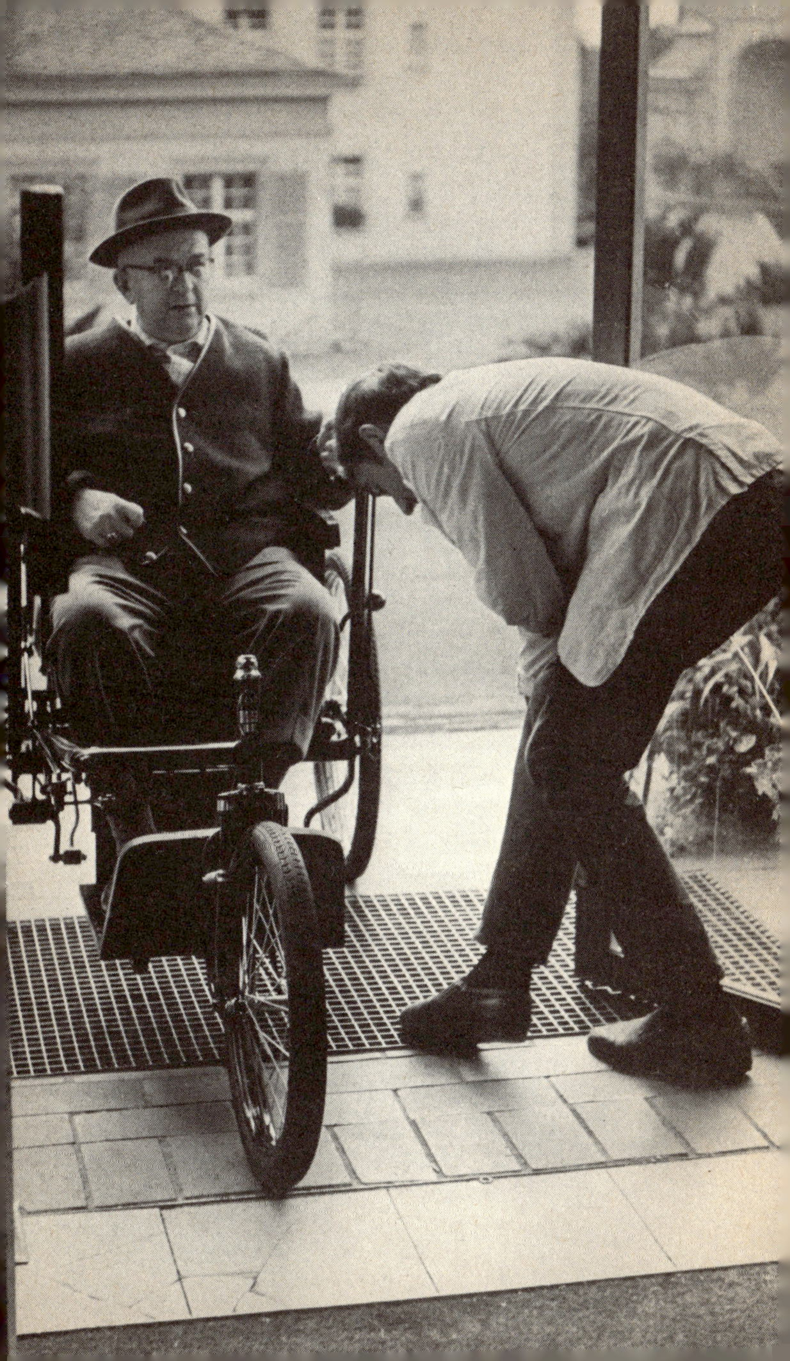

ihm. Und damit geht es nicht mehr um unsere, sondern um seine Leuchtkraft.
So selbstverständlich, wie Salz als Salz wirkt, muß Licht leuchten. Salz ohne Salzkraft ist wertlos. Ein Licht, das man zudeckt und verbirgt, hat keinen Sinn. Jesus sagt: „Man zündet auch nicht ein Licht an und setzt es unter einen Scheffel, sondern auf einen Leuchter; so leuchtet es allen, die im Hause sind. So soll euer Licht leuchten vor den Leuten, daß sie eure guten Werke sehen und euren Vater im Himmel preisen" (Matth. 5,15-16).
Christen sind herausgefordert, durch die Art, wie sie leben, auf ihre Umgebung einzuwirken und Wahrheit und Liebe Gottes, die als „heller Schein" in ihr Herz gefallen sind, so durchscheinen zu lassen, daß auch andere Menschen im Lichtstrahl dieser Liebe ihren Standort und den Weg nach Hause erkennen.

WIR ALLE KENNEN GELEGENHEITEN, BEI DENEN man dem Partner die Hand entgegenstreckt und ihm zuruft: „Schlag ein!" Das war nicht nur auf dem orientalischen Markt üblich. Noch heute werden bestimmte Vereinbarungen durch Handschlag besiegelt. Freunde reichen sich die Hand, um eine Übereinstimmung zu bekräftigen. Immer wird dabei eine Sache, die bis dahin unklar oder in der Schwebe war, verbindlich festgemacht.
Auch eine Verlobung ist eine solche Art öffentlicher Bestätigung. Vielleicht haben die beiden es sich lange überlegt und damit auch in ihrer Umgebung Unsicherheit verursacht. Vielleicht waren noch Mitbewerber da, die sich ebenfalls Hoffnungen machten. Durch das Gerede der Leute wurde das alles breitgetreten. Dann kam es zur Verlobung, und alles war klar. Nun wußte jeder, woran er war, und die beiden trugen von da an Verlobungsringe, um ihre Zusammengehörigkeit auch nach außen zu bekunden.

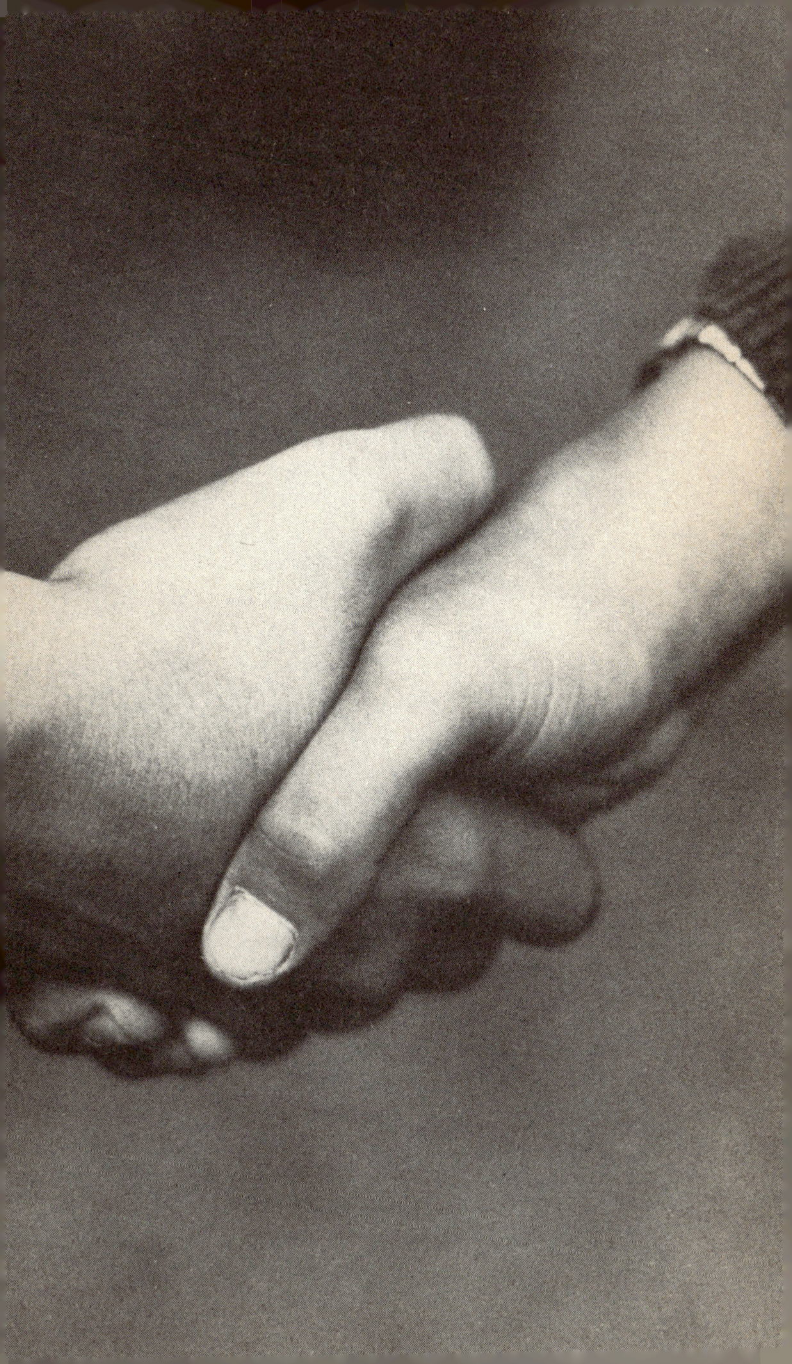

Vielleicht stellen Sie nach der Lektüre dieses Buches fest, daß sich auch Ihr Verhältnis zu Jesus Christus noch in der Schwebe befindet. Vielleicht möchten Sie von jetzt an verbindlich mit ihm leben. Dann schieben Sie diese Entscheidung bitte nicht hinaus. Sie können da, wo Sie jetzt sind, die Sache mit Gott festmachen. Sie können dazu niederknien, um auch äußerlich zu dokumentieren, daß Sie sich vor dem Gott beugen, dem Sie von nun an Ihr Leben überlassen. Übertragen Sie ihm, dem Herrn über Himmel und Erde, die Herrschaft über Ihr Leben: über Ihren Willen, über alles, was Sie sind und haben. Er verspricht Ihnen: „Wer zu mir kommt, den werde ich nicht hinausstoßen" (Joh. 6,37).
Und wenn Sie dies getan haben, dann schlagen Sie „einen Pflock" ein. Sprechen Sie mit einem Seelsorger darüber. Sie können auch gern an mich schreiben. Ich würde mich über Ihren Brief freuen.

Ihr
Anton Schulte

Anschrift des Verfassers: Anton Schulte
Postfach 1380, D-5230 Altenkirchen Ww.,

Weitere Bücher von Anton Schulte:

Lohnt es sich zu leben?
TELOS-Sondertaschenbuch Nr. S 700
Das Leben lohnt sich, wenn man es mit Gott lebt! Was der Autor ausführt, ist seine eigene Lebenserfahrung.
1. Auflage 1976: 1.–250. Tausend, 2. Auflage 1977: 251.–400. Tausend, 3. Auflage 1978: 401.–450. Tausend

Das habe ich mit Gott erlebt
TELOS-Sondertaschenbuch S 704
Schluß machen mit dem alten Leben und ein neues beginnen. Gottes Angebot für ein neues Leben gilt für jeden.
1. Auflage 1977: 1.–150. Tausend, 2. Auflage 1978: 151.–200. Tausend, 3. Auflage 1979: 201.–250. Tausend

Evangelisation – praktisch
TELOS-Paperback Nr. 1157
Mit Anmerkungen zu einer deutschen »Theologie der Evangelisation«.

Christsein – die große Chance
TELOS-Sonderausgabe Nr. S 807
Kurze Hinweise und Informationen, welche aufzeigen, wie man heute verbindlich mit Christus leben kann.

Ein Stück Himmel auf Erden
TELOS-Taschenbuch Nr. 207
Wenn ein Mensch von Jesus Christus wirklich verändert wird, dann wirkt sich das nirgends deutlicher aus als in Ehe und Familie.

Leben ist Freude
TELOS-Taschenbuch Nr. 138
Mutmachende Erkenntnisse aus der Bergpredigt Jesu Christi.

Es gibt einen Weg zu Gott
TELOS-Taschenbuch Nr. 10
Der Autor will Menschen, die Gott verloren haben, die ihn suchen oder mit ihm hadern, helfen, ihn zu finden.

Heinz und Elke Gutermut – Familie Gutermut – Bei Gutermuts ist immer was los – Familie Gutermut diskutiert
TELOS-Kindertaschenbücher Nr. 3008/3009/3010/3011
Vier beliebte Kinderbücher mit Kurzgeschichten über das originelle Leben einer Familie, in welcher jeder sich mit Ernst und Humor bemüht, als Christ zu leben.

Zeitschrift »Neues Leben«
Möchten Sie sich ausführlicher über den Glauben an Jesus Christus informieren, so empfehlen wir Ihnen die Zeitschrift »Neues Leben«, deren Herausgeber der Verfasser dieses Buches ist. Bestellen Sie bitte eine kostenlose Probenummer bei: Missionswerk Neues Leben e.V., Kölner Straße 23, D-5230 Altenkirchen